GREAT word search puzzles for kids

Official Mensa
Puzzle Book

Mark Danna

Sterling Publishing Co., Inc.
NEW YORK

For my mom,
who showed me the joy of words,
and let me be silly.

Edited by Peter Gordon

12 13 14 15 16 17 18 19 20

Published by Sterling Publishing Co., Inc.
387 Park Avenue South, New York, N.Y. 10016
© 1999 by Mark Danna
Distributed in Canada by Sterling Publishing
c/o Canadian Manda Group, 165 Dufferin Street,
Toronto, Ontario, Canada M6K 3E7
Distributed in Great Britain and Europe by Chris Lloyd at Orca Book
Services, Stanley House, Fleets Lane, Poole, BH15 3AJ, England
Distributed in Australia by Capricorn Link (Australia) Pty Ltd.
P.O. Box 704, Windsor, NSW 2756, Australia

Manufactured in the United States of America
All rights reserved

Sterling ISBN-13: 978-0-8069-2469-4
ISBN-10: 0-8069-2469-1

For information about custom editions, special sales, premium and
corporate purchases, please contact Sterling Special Sales
Department at 800-805-5489 or specialsales@sterlingpub.com.

Contents

Introduction

What's a word search puzzle? It's like a game of hide-and-seek: we hide the words, you go seek them. If you've never solved a word search, no problem. It's easy to learn. If you've done word searches before, keep reading. You'll learn about all the special twists we've added—even more than we had in our first book, *Word Search Puzzles for Kids*. (Psst! Don't tell 'em, but both books are fun for adults, too!)

A word search puzzle has two main parts: a grid and a word list. The grid is usually shaped like a rectangle and filled with what looks, at first glance, like a meaningless jumble of letters. Actually, that jumble hides all the words and phrases in the word list given on the same page.

All the hidden words and phrases in the grid go in a straight line—horizontally, vertically, or diagonally. Horizontal words go left or right. Vertical words go down or up. Diagonal words slant. So, if you think about it, words can run in eight possible directions: along the lines of a + sign (the horizontals and verticals) or along the lines of a × sign (the diagonals).

What else should I know? The same letter may be used in more than one word. That happens when words cross each other from two or more directions. You'll see that often since we've made sure that every word in each grid crosses at least one other word, and that all the words in a grid interconnect.

When searching the grid, ignore all punctuation and spacing in the word list. For example, the phrase "ORDER IN THE COURT!" in the word list would appear in the grid, in some direction, as ORDERINTHECOURT.

How do I get started? Some people look for across words first. Others begin with the long words, or ones with less common letters like Q, Z, X, or J. Still others start at the top of the list and work their way straight down to the bottom. Try a few ways and see what works best for you.

How do I mark the hidden words? Loop them, draw a straight line through them, or circle each individual letter. Whatever you choose, cross the words off the word list as you find them in the grid. That will help avoid confusion.

What's in this book? 56 puzzles, each with a different theme, ranging from movies to mysteries to magic to money to McDonald's. Each puzzle's difficulty level is about the same, so you can skip around in any order you like. Most grids are in the shape of a rectangle 11 letters across by 15 letters down. (That's useful to know: words or phrases longer than 11 letters in those grids can run only vertically.) Word lists contain 20 words or phrases—except for a few special cases.

So what's so special? *A lot!* First and foremost, *there's a hidden message in every puzzle!* After you've found all the words in a grid, read the unused letters row by row from top to bottom, and you'll discover they spell out a message relating to the puzzle's theme. (There's no punctuation in the message, so that's a bit of a puzzle in itself.) Hidden messages contain fun facts, silly sayings, quotations, words of advice, and serious and humorous observations.

For a really tough challenge, try our three Guess the Theme puzzles. Each word list is missing, so you have to figure out what's on it and what the words have in common.

Four rebus puzzles force you to look at grids in different ways. Instead of looking for LINE, POINT, ONE, and card suits, you'll be hunting for –, ·, 1, and ♣, ♦, ♥, and ♠.

Six grids come shaped as pictures: a mailbox, a star, a ball, double arrows, the number 1 (it's a rebus, too), and Snoopy's doghouse.

There's even a grid where you build a maze and find our way through it.

How do these word searches compare with ones I see in other books or magazines? Besides all the added twists just described, the word searches here and in the earlier book, *Word Search Puzzles for Kids*, are crafted with a special care not often found elsewhere. The themes have a modern-day feel with lots of pop culture references that kids can relate to. The word lists contain lively words and expressions—they're not boring lists of objects. The puzzle titles are playful; what you think they mean at first and what they really mean may surprise you. All the words in a grid interconnect, so you won't find words isolated like little islands. And there's a good balance of word directions throughout the grid, which beats "stacking," a common practice in which words are simply crammed next to each other, line upon line, all in the same direction ... bo-o-o-o-oring! All this attention to detail and refusal to take shortcuts make our word searches harder to create, but it also makes them a great deal more fun for the solver to solve.

Anything else? There's a lot more, but you'll discover that on your own. So enjoy the searches and have a great time—from the first puzzle's "Opening Lines" straight through to the appropriately named last puzzle in the book, "Z End."

—Mark Danna

Guess the Theme Instructions

To make things a bit trickier, the theme and the word list of three puzzles are a secret. It's up to you to figure out what the 20 items hidden in the grid are and what they have in common. To get you started, we'll tell you the first letter of each word or phrase and give you the appropriate number of blanks. For example, if the item were APPLE TREE, the hint would be A _ _ _ _   _ _ _ _ .

After you loop an item in the grid, fill in the appropriate blanks below the grid to help you with the word list. If you find a word that doesn't fit in any of the blanks, ignore it: it's not part of the list. You may also find that more than one word will fit a particular set of blanks. If it doesn't have something in common with all the other entries, ignore it, too. To assist you, the clue list, when completed, will be in alphabetical order. There is just one correct overall puzzle solution. If you simply can't come up with the word list, you'll find it on page 65.

When you're done looping, read the unused letters row by row from top to bottom. They will spell out a message that reveals the puzzle's theme.

1. OPENING LINES

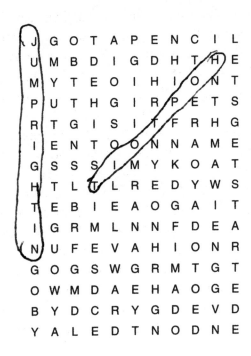

```
J G O T A P E N C I L
U M B D I G D H T H E
M Y T E O I H I O N T
P U T H G I R P E T S
R T G I S I T F R H G
I E N T O O N N A M E
G S S S I M Y K O A T
H T L T L R E D Y W S
T E B I E A O G A I T
I G R M L N N F D E A
N U F E V A H I O N R
G O G S W G R M T G T
O W M D A E H A O G E
B Y D C R Y G D E V D
Y A L E D T N O D N E
```

"BEGIN!"
"C'MON!"
"DIG IN!"
"DO IT NOW!"
"DON'T DELAY!"
"GET SET!"
"GO AHEAD!"
"GO FOR IT!"
"GOT A PENCIL?"
"HAVE FUN!"

"HERE WE GO!"
~~"HOP TO IT!"~~
"IT'S TIME!"
~~"JUMP RIGHT IN!"~~
"LET'S GET STARTED!"
"MOVE!"
"READY?"
"SHAKE A LEG!"
"STEP RIGHT UP!"
"TODAY!"

2. "WHERE'S THE BEEF?"

```
B  M  C  D  F  C  H  E  E  S  E
M  U  S  T  A  R  D  O  D  E  K
N  A  R  M  E  L  I  L  D  S  O
S  S  G  G  E  C  A  E  Y  A  C
D  I  R  O  E  N  U  D  S  M  V
B  A  E  L  O  R  N  T  S  E  N
O  B  V  D  E  E  E  H  T  S  R
I  F  C  E  W  I  E  A  N  E  E
C  M  I  N  T  N  I  P  P  E  L
E  D  I  A  A  H  K  P  W  D  K
D  K  H  R  E  R  O  Y  E  B  C
T  C  A  C  O  H  O  M  W  U  I
E  S  A  H  W  R  C  E  A  N  P
A  E  S  E  S  A  L  A  D  S  A
C  A  T  S  U  P  C  L  R  E  D
```

BIG MAC	ICED TEA
BURGER	LETTUCE
CATSUP	MCDONALD'S
CHEESE	MUSTARD
COKE	PICKLE
COOKIE	SALAD
DAVE THOMAS	SESAME SEED BUN
FRIES	SHAKE
GOLDEN ARCHES	WENDY'S
HAPPY MEAL	WHOPPER

3. LOOK BOTH WAYS

A palindrome is a word or phrase that reads the same forward or backward.

```
A  M  A  N  A  P  C  L  K  A  N
M  A  D  A  M  I  M  A  D  A  M
A  R  C  A  V  N  Y  P  R  B  A
P  P  A  I  L  A  A  E  P  U  A
E  U  C  D  K  S  V  N  N  T  A
V  L  T  M  A  I  A  I  O  T  T
I  L  S  S  V  R  S  O  L  O  S
L  U  A  E  A  I  A  V  O  N  N
O  P  R  E  D  M  T  T  R  N  T
L  E  V  E  L  I  A  Y  W  O  E
I  L  E  L  P  R  K  S  P  T  N
V  D  O  I  W  I  N  S  T  T  P
E  A  T  L  I  S  P  N  D  U  R
R  O  T  A  T  O  R  O  M  B  P
P  O  O  R  T  R  O  O  P  A  E
```

A BUTTON, NOT TUBA	PULL-UP
CIVIC	PUTS A MAST UP
DEED	RADAR
EVIL OLIVE	REVIVER
KAYAK	ROTATOR
LEVEL	SIR, I'M IRIS
MADAM, I'M ADAM	SOLOS
NOON	TIP IT
PA'S A SAP	TOOT
POOR TROOP	TOP SPOT

11

4. TOYS & GAMES

```
S  T  R  A  T  E  G  O  F  I  F
Y  L  O  P  O  N  O  M  F  U  T
O  Y  T  J  S  I  X  R  R  Y  I
N  K  I  G  E  R  S  B  I  K  N
D  G  C  A  N  D  Y  L  A  N  D
A  A  K  A  R  O  W  Y  I  I  S
E  U  L  C  R  T  A  H  E  L  E
H  R  E  E  C  H  O  Y  R  S  L
K  D  M  I  T  N  H  R  O  E  B
C  P  E  Z  R  W  R  R  G  S  B
O  P  E  R  A  T  I  O  N  A  A
L  E  L  N  E  S  S  R  H  R
B  O  M  E  T  P  K  B  T  I  C
T  C  O  H  I  E  I  N  G  E  S
B  A  T  T  L  E  S  H  I  P  R
```

BARBIE	PENTE
BATTLESHIP	RACK-O
BLOCKHEAD	RISK
CANDY LAND	SCRABBLE
CLUE	SLINKY
FURBY	SORRY!
G.I. JOE	STRATEGO
LEGOS	TICKLE ME ELMO
MONOPOLY	TWISTER
OPERATION	YAHTZEE

5. "YOU'VE GOT MAIL!"

```
      E P R E T E M
    P P N D H I G L A
  T E I O V L E A L O D
C A N C E L E D T I U E C
S L P K T S T L S A N L O
R I A U S E T S O K C I L
Z A L P T P E T P P E V L
A M L I A M R I A M E E E
X S P R M C O L L E C R C
O S C T P R I O R I T Y T
B E C I F F O T S O P L I
L R                   P N
I P                   E G
A X                   R O
M E                   R S
```

AIR MAIL	OUNCE
CANCELED	PARCEL
COLLECTING	PEN PAL
DELIVERY	PICK-UP
ENVELOPE	POSTAGE
EXPRESS MAIL	POST OFFICE
LETTER	PRIORITY
LICK	REPLY
MAILBOX	STAMP
METER	ZIP CODE

6. MAGIC SHOW

```
H  D  A  D  O  T  S  E  R  P  M
R  R  N  N  R  Y  H  D  T  I  O
A  R  B  A  D  A  C  A  R  B  A
U  D  N  H  W  I  H  R  H  A  N
I  C  W  F  A  P  O  S  O  T  C
E  I  H  O  O  R  E  T  C  O  D
P  L  M  T  S  A  G  I  U  C  I
F  L  A  H  N  I  W  A  S  I  S
A  U  N  G  A  N  D  R  P  C  A
E  S  T  I  B  B  A  R  O  S  P
E  I  C  E  V  A  P  I  C  P  P
K  O  E  L  C  O  N  J  U  R  E
O  N  A  S  R  S  I  T  S  V  A
M  I  S  T  E  V  E  L  O  R  R
S  E  C  A  L  P  E  D  A  R  T
```

"ABRACADABRA!"	RABBIT
CARDS	ROPE
COINS	SAW IN HALF
CONJURE	SLEIGHT OF HAND
DISAPPEAR	SMOKE
DOVE	TOP HAT
HOCUS-POCUS	TRADE PLACES
ILLUSION	TRANCE
MIRRORS	"VOILÀ!"
"PRESTO!"	WAND

7. GOING BUGGY

```
R  E  P  P  O  H  S  S  A  R  G
I  T  N  L  T  T  S  I  H  E  K
W  E  M  O  B  E  E  T  L  E  A
A  R  M  C  O  V  I  N  N  E  T
L  M  G  U  B  Y  D  A  L  A  Y
K  I  A  S  B  F  U  M  G  L  D
I  T  S  T  L  L  I  G  F  H  I
N  E  D  E  P  I  T  N  E  C  D
G  F  A  E  G  G  O  I  R  A  A
S  S  P  D  S  G  N  Y  W  O  H
T  P  H  O  A  P  P  A  E  R  R
I  S  I  R  W  C  S  R  T  K  E
C  R  D  D  E  P  I  P  T  C  H
K  E  B  A  E  D  G  C  U  O  Y
B  U  T  T  E  R  F  L  Y  C  S
```

ANTS	GRASSHOPPER
APHID	KATYDID
BEETLE	LADYBUG
BUTTERFLY	LOCUST
CENTIPEDE	MOTH
CICADA	PRAYING MANTIS
COCKROACH	SPIDER
DRAGONFLY	TERMITE
FLEA	WALKING STICK
GNAT	WASP

8. WHEEL OF FORTUNE

```
V  V  O  W  E  L  W  H  E  E  B
L  A  O  F  E  F  C  O  C  O  S
C  O  N  T  E  S  T  A  N  T  E
M  R  T  N  T  U  T  U  S  N  Z
E  E  N  E  A  E  S  I  S  H  I
R  V  B  I  G  W  I  N  N  E  R
V  B  L  O  P  A  H  S  E  D  P
G  O  R  O  N  S  B  I  T  A  U
R  Y  H  E  S  O  U  L  T  D  Z
I  C  R  L  A  E  Y  S  S  E  Z
F  T  O  P  K  C  A  J  S  I  L
F  C  U  G  A  J  U  T  M  E  E
I  O  N  B  A  N  K  R  U  P  T
N  F  D  K  H  A  N  G  M  R  A
N  I  S  T  H  E  R  E  A  N  N
```

BANKRUPT	LOSE A TURN
BIG WINNER	MERV GRIFFIN
BONUS	PAT SAJAK
"… BUY A U"	PRIZES
CASH	PUZZLE
CATEGORY	ROUND
CONTESTANT	SOLVE
"IS THERE AN N?"	SPIN
JACKPOT	VANNA WHITE
LETTER	VOWEL

9. "WHAT'S MY LINE?"

Each entry in the list contains the word LINE, but in the grid, every LINE appears as a – symbol. For example, if GUIDELINE were in the list, it would appear in the grid as GUIDE–.

```
F  A  L  L  I  N  T  O  -  T  H
A  U  E  -  N  S  E  M  E  -  N
U  -  N  H  T  D  U  C  R  P  E
L  F  O  D  H  -  O  E  K  R  G
T  T  C  H  E  A  D  -  S  -  A
-  A  E  T  -  R  N  O  U  T  M
H  -  A  O  O  F  -  -  T  -  M
C  D  N  B  F  H  T  D  Y  D  I
N  E  -  G  F  S  -  L  U  R  R
U  I  R  D  I  E  B  -  S  I  C
P  S  O  A  R  M  A  A  T  V  S
H  -  W  E  E  Y  C  W  S  E  F
O  R  E  S  U  L  K  D  N  E  O
T  I  S  E  T  O  E  T  H  E  -
B  A  E  O  B  U  R  T  O  F  -
```

AIRLINE	IN THE LINE OF FIRE
ASSEMBLY LINE	LINEBACKER
BASELINE	LINE DRIVE
BEELINE	LINE OF SCRIMMAGE
BORDERLINE	NECKLINE
DATELINE	OCEAN LINER
FALL INTO LINE	PUNCH LINE
FAULT LINE	TOE THE LINE
HEADLINES	UNDERLINED
HOT LINE	WAISTLINE

10. "WHEN I GROW UP ..."

```
W  H  D  A  T  P  S  I  T  M  P
P  O  R  O  N  U  R  S  E  T  A
A  N  T  M  C  I  I  I  R  G  R
M  P  R  O  A  T  H  L  E  T  E
O  S  R  D  N  R  O  N  N  S  N
V  C  H  E  F  N  T  R  W  T  T
I  S  I  L  S  E  O  I  O  M  U
E  C  C  H  A  I  W  H  S  A  L
S  T  Y  C  M  O  D  U  S  T  A
T  B  H  E  A  C  O  E  E  M  W
A  E  E  B  R  U  T  H  N  R  Y
R  E  E  N  I  G  N  E  I  T  E
O  T  U  A  N  O  R  T  S  A  R
W  W  E  L  E  L  E  Y  U  O  U
F  A  R  M  E  R  D  O  B  I  T
```

AGENT	MODEL
ARTIST	MOVIE STAR
ASTRONAUT	NURSE
BUSINESS OWNER	PARENT
CHEF	PRESIDENT
DOCTOR	PRIEST
ENGINEER	PRO ATHLETE
FARMER	SCIENTIST
LAWYER	TEACHER
MARINE	WRITER

11. "I WON'T GROW UP!"

```
P  L  L  E  B  R  E  K  N  I  T
F  A  E  S  E  T  W  E  E  R  I
A  P  N  H  A  E  N  T  V  H  G
I  E  B  A  N  O  M  Y  E  W  E
R  H  O  D  N  W  O  S  R  N  R
Y  S  Y  O  B  T  S  O  L  T  L
L  G  R  W  O  W  U  P  A  I  I
F  P  E  T  E  R  P  A  N  S  L
N  A  I  D  N  I  P  O  D  E  Y
A  L  A  R  Y  L  S  E  A  D  I
C  A  P  T  A  I  N  H  O  O  K
U  N  T  G  O  T  C  J  H  C  E
O  P  O  P  L  I  E  A  O  Y  B
Y  O  Y  A  M  G  I  L  R  H  L
N  E  L  I  D  O  C  O  R  C  N
```

CAPTAIN HOOK	NEVERLAND
CLOCK	PETER PAN
CROCODILE	PIRATE
FAIRY	POISON
INDIAN	SHADOW
JOHN	SMEE
LAGOON	TIGER LILY
LOST BOYS	TINKER BELL
MICHAEL	WENDY
NANA	"YOU CAN FLY!"

12. ANIMAL SOUNDS

```
M  T  H  R  G  E  E  C  H  C  A
R  E  O  R  A  C  T  Y  E  H  R
S  B  O  W  W  O  W  W  A  I  G
H  W  D  W  O  H  C  A  N  R  T
L  A  E  L  S  S  I  H  U  P  B
K  W  L  I  T  H  T  N  R  H  E
A  N  D  H  I  L  T  O  N  M  A
L  S  O  A  R  E  A  D  O  Y  C
T  N  O  S  C  R  E  E  C  H  O
K  R  D  D  T  E  P  M  U  R  T
O  L  A  I  L  C  B  T  T  Q  L
L  E  K  K  A  L  N  L  U  D  S
T  W  C  A  R  U  Z  A  E  A  N
A  A  O  N  D  C  C  R  O  A  K
C  M  C  H  O  K  W  G  L  I  T
```

BLEAT	HISS
BOWWOW	HONK
BRAY	HOWL
CACKLE	MEOW
CHIRP	QUACK
CLUCK	ROAR
COCK-A-DOODLE-DOO	SCREECH
CROAK	SQUEAL
GROWL	TRUMPET
GRUNT	WHINNY

13. GUESS THE THEME 1

For instructions on how to solve Guess the Theme puzzles, see page 8. The word list is on page 65.

```
A  S  L  L  A  B  T  H  G  I  E
N  L  K  L  T  S  A  H  E  H  L
U  I  D  U  S  Y  D  D  E  N  Z
N  I  U  G  N  E  P  B  N  E  Z
S  T  H  I  O  K  N  A  B  A  U
H  E  G  R  O  O  S  R  A  R  P
A  E  C  K  P  N  A  C  N  O  D
B  A  O  E  Y  A  W  O  L  N  R
I  F  M  O  I  I  R  D  B  E  O
T  I  I  D  N  P  M  E  X  G  W
M  E  B  O  L  O  S  R  A  C  S
C  K  C  M  V  A  A  S  O  N  S
D  N  G  I  S  Y  A  W  E  N  O
W  H  E  N  D  I  S  T  E  H  R
R  E  G  O  R  Y  L  L  O  J  C
```

B _ _   _ _ _ _
C _ _ _ _   _ _ _ _ _ _
C _ _ _
C _ _ _ _ _ _ _ _   _ _ _ _ _ _
D _ _ _
D _ _ _ _ _
E _ _ _ _   _ _ _ _
J _ _ _ _   _ _ _ _ _
M _ _ _
N _ _ ' _   _ _ _ _ _

O _ _   _ _ _ _ _
O _ _ - _ _ _   _ _ _ _
O _ _ _
P _ _ _ _
P _ _ _ _ _ _
P _ _ _ _   _ _ _ _
S _ _ _ _
S _ _ _ _ _
X - _ _ _
Z _ _ _ _

14. ALL FIRED UP

```
F  F  H  D  R  O  H  P  O  S  S
S  G  O  L  E  Y  V  E  Y  P  L
E  T  O  R  D  E  M  B  E  R  F
W  Z  K  R  E  R  T  O  T  I  O
F  L  A  M  E  S  E  N  R  N  B
O  N  N  L  O  K  T  E  I  K  S
T  B  D  U  B  M  M  F  R  L  N
Y  E  L  A  T  A  B  O  I  E  F
E  O  A  R  N  T  S  B  U  R  N
K  L  D  S  S  C  C  E  A  S  E
N  N  D  O  O  H  T  K  H  Y  B
W  I  E  N  I  E  R  O  A  S  T
E  K  R  I  A  A  L  M  L  T  A
E  D  B  Y  P  C  F  S  I  E  R
F  A  L  S  E  A  L  A  R  M  E
```

ARSON	FOREST FIRE
ASHES	HOOK AND LADDER
BLAZE	HYDRANT
BURN	LOGS
CANDLE	MATCH
EMBER	PYRO
FALSE ALARM	SMOKE
FIREMAN	SPARK
FLAMES	SPRINKLER SYSTEM
FLINT	WIENIE ROAST

15. PIGSKIN PUZZLE

```
D R A Y B W T S T H Y
Q C E L A A N O S L L
I U O L T L U F O A Y
O C A I B C P O P T P
K T B R H M A W L L L
W H D D T E U A A N Y
O U O E R E N F O R E
G W F T F E R O G N D
N O S U P E R B O W L
I T R N A R N Z A E L
D B L I T Z D S Y C H
L T O M U N C H E C K
O T U O E M I T A E C
H S T W H E B O A L A
N O I T P E C E R L S
```

BLITZ	PENALTY
BLOCK	PUNT
COACH	QUARTERBACK
DEFENSE	RECEPTION
DRAW PLAY	SACK
END ZONE	SUPER BOWL
FUMBLE	TIME OUT
GOAL POST	TOUCHDOWN
HOLDING	TWO-MINUTE DRILL
PASS	YARD

16. BEST BETS

```
B  I  R  C  H  B  E  E  R  B  B
I  O  B  B  B  Y  O  E  T  L  U
R  B  B  H  A  E  B  M  L  B  S
D  A  I  L  L  R  B  A  B  B  B
B  O  G  L  A  Y  B  B  L  A  O
R  U  B  B  L  E  B  I  B  C  Y
A  B  E  E  S  B  R  R  E  K  E
I  K  N  A  B  D  O  O  L  B  D
N  A  B  S  H  B  W  A  E  E  B
W  E  A  V  A  B  B  E  R  N  E
D  B  L  U  E  B  E  A  R  D  A
B  Y  B  B  E  B  A  D  Y  Y  N
E  L  B  I  B  E  T  T  B  O  B
E  T  H  E  B  U  A  A  B  U  A
L  L  E  B  R  A  B  O  O  N  G
```

BABY	BIG BEN
BACKBEND	BILLBOARD
BARBELL	BIRCH BEER
BARBER	BIRDBRAIN
BARBIE	BLOOD BANK
BASEBALL	BLUEBEARD
BAUBLE	BOMBAY
BEAN BAG	BROWBEAT
BEDBUG	BUBBLE
BIBLE	BUSBOY

17. NIGHT LIGHTS

```
                C
                O
          R  S  N
          E  E  A
          I  P  C  C  R
S  S  T  A  R  T  P  S  U  N  Y  E  L  L  A
   T  U  A  I  A  I  I  R  O  A  L  I  O
      N  G  G  D  P  S  I  W  C
      E  E  G  U  A  R  Y
      L  V  I  R  G  O  K
      N  N  P  B     S  L  A
      O  R  R        E  I  S
   K  O  Y           M  B  M
A  C  M              P  R  S
S                          A
```

ARIES	PISCES
BIG DIPPER	RIGEL
CANCER	SCORPIUS
LIBRA	STAR
LYRA	URSA
MILKY WAY	VEGA
MOON	VENUS
ORION	VIRGO

18. ADVENTURES IN WONDERLAND

```
T  E  L  T  R  U  T  K  C  O  M
D  W  T  D  I  N  N  K  L  E  A
T  U  W  A  E  I  N  K  L  E  R
T  A  C  E  R  I  H  S  E  H  C
E  L  U  H  N  T  I  W  T  Y  H
S  Q  T  R  E  L  S  H  E  T  H
U  B  A  E  D  S  T  I  H  R  A
O  O  W  H  R  E  S  T  I  A  R
M  A  D  H  A  T  T  E  R  P  E
R  W  L  T  G  O  N  R  D  A  H
O  E  M  I  H  K  N  A  V  E  A
D  E  R  W  C  A  W  B  H  T  K
A  O  T  F  Y  E  N  B  O  U  O
R  E  D  F  L  A  M  I  N  G  O
A  C  R  O  Q  U  E  T  D  T  H
```

ALICE	HOOKAH
CHESHIRE CAT	KNAVE
CROQUET	MAD HATTER
DINAH	MARCH HARE
DODO	MOCK TURTLE
DORMOUSE	"OFF WITH HER HEAD!"
DUCHESS	QUEEN
"EAT ME"	TARTS
FLAMINGO	TEA PARTY
GARDEN	WHITE RABBIT

19. HINKY PINKY RETURNS

A Hinky Pinky is a two-word rhyming phrase in which each word has the same number of syllables. A simple example is GET SET. In this example, just one letter—the first—changes from word to word. We think that more variety adds more fun, so in the list below, each word in the pair is spelled significantly different from the other.

```
B  I  T  E  K  N  I  G  H  T  M
K  L  O  Y  E  K  O  P  O  Y  G
T  O  C  T  A  W  S  W  U  Y  S
G  A  V  S  E  E  D  T  N  E  P
H  A  E  E  O  O  E  M  I  U  O
O  T  K  U  U  W  Z  T  O  S  N
D  E  H  G  I  S  E  D  I  U  G
Y  B  H  D  S  Z  E  M  E  E  Y
A  A  J  E  I  U  R  I  O  S  B
K  I  C  S  E  A  F  A  N  E  U
S  T  D  S  T  H  S  E  T  W  N
T  B  E  E  I  A  A  D  R  E  G
A  E  U  L  C  W  E  N  E  S  E
X  C  I  B  A  B  S  R  E  R  E
B  E  R  E  T  A  R  R  A  Y  F
```

ATE BAIT	OWE MOE
BERET ARRAY	POKE YOLK
BET DEBT	SEAS FREEZE
BITE KNIGHT	SIZE TIES
BLESSED GUEST	SPONGY BUNGEE
FRED SAID	SUE'S EWES
GUIDE SIGHED	SWAT COT
I LIE	TOW DOUGH
NEW CLUE	WEE KEY
NUN WON	YAKS TAX

20. AT THE PARADE

```
A  C  O  N  F  E  T  T  I  R  F
C  V  E  A  T  L  U  D  R  E  E
E  O  E  F  M  A  O  N  P  W  A
L  D  N  T  Y  H  B  A  T  O  N
E  N  A  C  E  S  T  T  T  L  B
B  A  N  N  E  R  I  S  R  F  E
R  B  C  U  E  A  A  G  D  S  A
I  G  G  K  I  M  S  N  W  A  U
T  N  C  A  C  P  N  I  O  A  T
Y  I  R  A  L  O  D  W  R  E  Y
T  H  E  W  O  F  I  E  C  T  Q
H  C  E  L  W  A  V  I  N  G  U
L  R  L  E  N  P  L  V  H  A  E
N  A  M  A  J  O  R  E  T  T  E
B  M  T  S  P  E  S  R  O  H  N
```

BALLOON	FLOWER
BANNER	HORSE
BATON	MAJORETTE
BEAUTY QUEEN	MARCHING BAND
CELEBRITY	MARSHAL
CLOWN	POLICE
CONFETTI	REVIEWING STAND
CROWD	TICKER TAPE
FLAG	VETERAN
FLOAT	WAVING

21. SUITS ME FINE

A deck of cards has four suits: clubs (♣), diamonds (♦), hearts (♥), and spades (♠). The symbols for these suits appear in the grid in place of the words for suits in the word list. For example, CLUB SODA would appear as ♣SODA.

```
♥  T  O  ♥  T  A  L  K  S  ♠  A
M  E  ♠  ♣  G  A  P  V  W  E  ♠
A  B  V  S  ♦  R  U  O  I  A  N
♣  A  M  A  R  D  R  G  ♠  R  T
Y  S  O  N  R  K  P  A  H  I  I
R  E  S  D  S  B  L  S  W  Z  ♥
T  B  E  W  E  L  E  T  ♠  O  ♥
N  A  A  I  A  ♠  ♥  T  F  N  T
U  L  ♣  C  ♦  H  D  G  E  A  I
O  L  N  H  I  H  O  I  G  ♦  H
C  ♦  E  G  O  L  F  ♣  V  B  T
♣  A  F  P  D  U  ♥  E  K  A  T
D  O  E  R  A  ♣  S  S  T  C  D
E  ♦  J  U  B  I  L  E  E  K  A
K  B  R  E  A  K  O  N  E  S  ♥
```

ARIZONA DIAMONDBACKS
BASEBALL DIAMOND
BRAVEHEART
BREAK ONE'S HEART
CALL A SPADE A SPADE
CLUBHOUSE
CLUB SANDWICH
COUNTRY CLUB
DAVID SPADE
DIAMOND HEAD

DIAMOND JUBILEE
DRAMA CLUB
GOLF CLUB
HEART OF GOLD
HEART-TO-HEART TALK
HOPE DIAMOND
IN SPADES
PURPLE HEART
SPADEWORK
TAKE HEART

22. SNOW USE

```
M  O  U  N  T  A  I  N  T  O  P
S  O  H  F  A  T  H  S  E  S  L
N  T  I  L  O  M  W  C  T  E  A
S  R  O  U  H  F  W  H  V  E  K
D  B  E  R  A  R  W  O  L  P  E
R  S  E  R  M  O  H  O  N  T  E
A  U  K  Y  T  S  I  L  A  S  F
Z  F  A  I  U  T  L  C  L  S  F
Z  N  L  O  I  Y  O  L  W  F  E
I  I  F  L  L  N  A  O  I  N  C
L  G  A  T  S  B  G  S  L  H  T
B  E  S  N  W  K  Y  I  A  G  D
T  O  B  O  G  G  A  N  N  E  I
D  E  N  A  R  E  T  G  L  H  B
E  S  Q  U  A  L  L  S  L  O  W
```

ANGEL	SCHOOL CLOSINGS
BLIZZARDS	SHOVEL
DRIFT	SKIING
FLAKE	SLED
FLURRY	SNO-CAT
FROSTY	SNOWBALL
IGLOO	SNOWMAN
LAKE EFFECT	SQUALLS
MOUNTAINTOP	STORM
PLOW	TOBOGGAN

23. "AND THE WINNER IS ..."

```
E  I  V  E  R  Y  Y  G  M  E  A
R  D  O  O  W  Y  L  L  O  H  I
N  L  D  I  E  A  P  M  V  W  R
O  I  D  M  U  G  I  C  I  D  N
R  K  C  E  S  L  A  M  E  I  O
B  E  S  T  P  I  C  T  U  R  E
E  T  T  E  U  T  A  T  S  E  R
E  O  R  N  F  E  A  T  S  C  U
R  T  I  E  E  L  E  R  N  T  G
T  H  B  H  M  S  A  C  T  O  R
T  A  U  O  P  T  E  T  V  R  R
I  N  T  E  S  S  E  R  T  C  A
E  K  E  S  T  A  H  A  P  N  C
H  C  O  G  R  L  L  Y  W  O  S
H  O  D  S  A  T  U  X  E  D  O
```

ACTOR	MOVIE
ACTRESS	OSCAR
AGENT	PRESENTER
BEST PICTURE	SPEECH
DIRECTOR	STAGE
EMCEE	STARS
GOWN	STATUETTE
HOLLYWOOD	TEARS
"I'D LIKE TO THANK ..."	TRIBUTE
LIMO	TUXEDO

24. TRIAL RUN

```
R O T U C E S O R P E
A R V P F S A I I E G
R D L E E A O Y C N D
D E S N R B P N R E U
A R T E J R E D O U J
T I Y E T D U R S U J
W N C I I A N L S L B
I T E V S A A T E R A
E H E C M I I G X D I
S E H E O C T G A O L
N C R S E N U F M D A
E O E A M I N O I C W
F U R C L A C I N Y Y
E R E T S E U Q E S E
D T Y O U R H O N O R
```

BAIL	JURY
CASE	JUSTICE
CROSS-EXAMINE	LAWYER
DEFENSE	"ORDER IN THE COURT!
EVIDENCE	"OVERRULED!"
FOREMAN	PLEA
GUILTY	PROSECUTOR
"I OBJECT!"	SEQUESTER
INNOCENT	WITNESS
JUDGE	"YOUR HONOR"

25. "A-MAZE-ING!"

First, loop all the hidden words to form the walls of a maze. Then enter the maze in the upper left corner and draw a path that crosses only through unused letters until you exit at the lower right. Read the letters along the right path to find the hidden message. Note: All the entries in the grid run across or down. No words run diagonally or intersect.

```
I  F  Y  O  U  G  O  I  N  H  K
E  N  T  E  R  O  T  P  R  E  C
T  G  N  O  L  A  U  U  E  L  U
H  Y  K  A  N  S  R  K  Y  O  T
I  X  G  I  G  H  N  C  O  S  S
S  D  N  R  B  T  D  A  U  T  E
P  E  I  E  L  Y  I  B  L  L  B
A  A  T  H  O  A  R  O  H  N  O
T  D  S  T  C  W  E  C  T  I  O
H  E  I  N  K  G  T  R  A  P  N
Y  N  W  I  E  N  N  O  D  O  S
O  D  T  O  D  O  T  L  L  A  W
U  L  L  G  O  R  S  T  O  P  N
H  E  L  P  T  W  D  N  I  W  O
E  Z  A  M  H  E  T  I  X  E  W
```

"BACK UP!"	SNAKY
BLOCKED	STUCK
DEAD END	TRAP
ENTER	TURN
EXIT	TWISTING
"HELP!"	WALL
LOST	WIND
MAZE	WRONG WAY
"OH, NO!"	

26. FANCY FOOTWORK

```
I  C  E  S  K  A  T  E  S  P  U
R  T  Y  N  R  O  S  U  R  F  S
O  E  E  I  L  E  F  A  L  I  N
Z  H  F  S  I  S  P  I  B  R  S
M  H  O  A  E  O  P  P  S  O  S
U  O  A  C  O  F  X  S  I  L  T
K  T  O  C  L  L  S  F  S  L  E
L  C  L  O  W  N  S  H  O  E  S
U  E  P  M  E  E  T  H  L  R  I
K  S  E  A  N  P  M  U  P  B  D
R  G  K  H  S  T  M  H  O  L  R
O  E  U  F  H  H  S  O  L  A  G
R  G  D  L  H  G  T  H  I  D  S
E  S  P  A  D  R  I  L  L  E  E
Y  E  S  T  W  H  A  H  R  S  T
```

BOOT	MUKLUK
CLOWN SHOES	MULE
ESPADRILLE	OXFORD
FLAT	PUMP
FLIP-FLOPS	ROLLERBLADES
GALOSH	SABOT
HIGH HEEL	SLIPPER
ICE SKATES	SNEAKER
LOAFER	WADER
MOCCASIN	ZORI

27. THE APE MAN

```
B O H U N T E R S T J
N W E T T A R Z N A A
D R A P O E L A N R N
A J P N O L H E H Z N
C N E Y A P C W E A I
I S S S E J M N U N L
R E L L U M S S I E W
F L E N O A N E K O R
A L G W F S A O A S L
A L L A H A T E E H C
E N R E O S I C L Y E
M I P I Y C V S I N W
I M M E I N E G I T H
S E R U T N E V D A Y
E G N I G N I W S R O
```

ADVENTURES
AFRICA
APES
BWANA
CHEETAH
ELEPHANT
GREYSTOKE
HUNTERS
JANE
JUNGLE

LEOPARD
LOINCLOTH
LOST CITY
NATIVE
SAFARI
SWINGING
TARZAN
VINE
WEISSMULLER
YELL

28. WELL-GROOMED

```
C U S S B B A S T H R
O R E Y R D R I A H O
M O E M S E I U N S T
B S P A Z S L I S O R
D H E E M R D R O H M
E O E E M E O T U R T
N W E T H P H A N C N
T E A E M P A O S O A
A R E S A I U R I O R
L P E S H L R T A A O
F N T U C C O R Z A D
L E W O T L L O O T O
O H E M D I R O R R E
S O O P M A H S T A D
S K L E E N E X L H S
```

BRUSH	MOUSSE
COMB	NAIL CLIPPERS
CREAM	RAZOR
CURLERS	SHAMPOO
DENTAL FLOSS	SHOWER
DEODORANT	SOAP
HAIR DRYER	TOOTHPASTE
KLEENEX	TOWEL
LOTION	TWEEZERS
MIRROR	WASHCLOTH

29. PEANUTS GALLERY

```
    W O S N O O P Y S O D
    S E T I L O O C E O J
    O I K K C K R S C T T
  H E C B P S E I S U N I L
  R U R I M R A D S R T A K
  H L A A U G H L P I H C R
C A N M N P B E T L T I E A S
W O O D S T O C K M Y D A D C
E U P C H A R L I E B R O W N
    O F E E A L A L L
    E X R C L R L A A
    M A G Y O G T N I
    O N M N C A A K R
    D O G H O U S E K
    S V A N P E L T B
```

"AAUGH!"	LUCY
BEAGLE	MARCIE
CACTUS	PIANO
CHARLIE BROWN	RED BARON
"CHUCK"	RERUN
DOGHOUSE	SALLY
GREAT PUMPKIN	SECURITY BLANKET
JOE COOL	SNOOPY
KITE	VAN PELT
LINUS	WOODSTOCK

30. "TAKE A HIKE!"

```
W  H  E  T  E  N  S  M  Y  O  S
U  W  S  L  A  R  T  N  A  T  U
S  E  O  M  E  E  R  O  N  P  N
R  O  C  K  S  V  E  E  T  O  S
O  L  R  O  H  T  A  P  I  E  C
K  A  T  A  M  V  M  T  E  L  R
M  C  R  Y  O  P  A  U  I  A  E
L  L  A  O  N  R  A  M  E  O  E
I  T  I  P  D  E  B  S  L  L  N
Q  H  L  Y  K  K  I  M  S  I  O
U  R  H  H  E  C  E  D  A  H  S
I  E  E  L  B  M  A  R  C  S  R
D  T  A  O  T  A  R  B  T  K  E
S  A  D  C  L  E  A  R  I  N  G
E  U  G  I  T  A  F  H  I  K  E
```

BACKPACK	PATH
CLEARING	REST
CLIMB	ROCKS
COMPASS	SCRAMBLE
DEHYDRATION	SHADE
ELEVATION	STREAM
FATIGUE	SUNSCREEN
LIQUIDS	TERRAIN
MAPS	TRAILHEAD
MARKERS	TREK

31. LIFE OF E'S

```
E  S  R  E  Z  E  E  W  T  V  D
E  T  F  E  L  E  E  D  E  S  E
E  E  L  D  P  E  V  S  R  E  B
S  P  E  L  L  E  R  N  E  E  D
L  E  E  S  T  E  E  P  L  E  E
N  E  S  V  V  E  X  K  E  S  E
S  S  S  E  L  H  C  E  E  P  S
R  W  E  E  E  R  E  E  H  E  T
E  R  N  S  E  H  E  E  W  X  B
F  L  N  C  E  G  D  D  E  P  E
E  N  E  E  T  N  E  V  E  S  P
R  T  T  V  W  H  D  E  R  E  E
E  N  E  V  E  E  W  R  H  E  M
E  S  T  F  R  E  E  E  T  Z  E
S  E  L  F  E  S  T  E  E  M  S
```

BEEKEEPER	SELF-ESTEEM
EXCEEDED	SEVENTEEN
FREE VERSE	SPEECHLESS
GEESE	SPELLER
LEVEE	STEEPLE
NEEDLE	"TEE-HEE!"
PEE WEE	TENNESSEE
REDEEM	TEPEE
REFEREE	THREE-WHEELER
SEEDBED	TWEEZERS

32. THE ROMAN EMPIRE

```
M O U N G T Y O A I N
N I T A L R M W N M A
T R G E A B R U T U S
R O F S D L A J O E J
T M E W I E D U D S O
Y A W N A I P P A I W
C N N S T H F I I L T
L N L U O O V T I O A
N U I L R E N E I C E
A M S U C A T R A P S
O E M M Q U A A E D U
C R T O S H T O N A S
N A E R C C S U M E R
I L E N N T R O D M S
E S E V E N H I L L S
```

APPIAN WAY	JUPITER
ARMY	LATIN
BRUTUS	NERO
CAESAR	REMUS
CHARIOT	ROMAN NUMERALS
COLISEUM	ROMULUS
FORUM	SENATE
GLADIATOR	SEVEN HILLS
IDES	SPARTACUS
JUNO	TOGA

33. GUESS THE THEME 2

For instructions on how to solve Guess the Theme puzzles, see page 8. The word list is on page 65.

```
T   H   E   R   T   H   I   N   K   E   R
P   U   Z   O   I   Z   L   E   E   T   E
K   A   R   T   I   L   L   E   R   Y   D
C   B   T   A   H   U   E   O   M   E   L
U   E   R   R   D   H   T   E   A   R   U
R   E   I   E   S   T   R   H   I   D   O
T   N   H   G   A   M   A   E   R   C   B
G   C   S   I   T   T   E   H   I   F   A
S   T   A   R   R   E   H   F   A   R   S
E   B   S   F   M   O   F   I   C   E   P
X   I   U   E   L   A   H   W   N   I   A
A   T   T   R   R   E   D   P   A   G   W
T   A   I   T   D   T   H   N   E   H   B
L   E   I   N   G   E   O   H   E   T   A
L   L   A   F   W   O   N   S   V   Y   S
```

A _ _ _ _ _ _ _ _   P _ _ _ _
  B _ _ _ _ _   R _ _ _ _ _ _ _ _ _ _
B _ _ _ _ _ _ _ _   S _ _ _ _ _ _
  B _ _ _ _ _   S _ _ _ _ _ _
  C _ _ _ _   S _ _ _
F _ _ _ _ _ _   T _ _ _ _
  H _ _ _ _   T _ _ _ _ _ _
  H _ _ _ _ _   T _ _ _ _ _ _
    L _ _ _   T _ _ _ _
  M _ _ _ _   W _ _ _ _
```
```

34. AT THE BALLET

```
S  R  E  K  C  A  R  C  T  U  N
O  M  E  U  S  F  T  O  E  O  X
P  T  B  P  Q  I  A  T  L  L  U
L  A  R  P  L  S  T  R  Y  E  E
P  O  R  P  O  E  E  S  H  O  D
C  O  S  T  U  M  E  B  P  T  E
T  A  I  O  N  T  A  K  A  A  D
E  N  R  N  B  E  U  A  R  R  S
T  I  G  H  T  S  R  T  G  D  A
P  R  O  L  L  E  E  E  O  T  P
S  E  O  H  S  D  E  R  E  H  T
T  L  O  L  S  H  E  L  R  P  G
E  L  E  T  A  L  M  O  O  A  R
E  A  E  I  L  P  O  F  H  L  B
P  B  E  X  C  I  B  B  C  L  E
```

ARABESQUE	NUTCRACKER
BALLERINA	PARTNER
BARRE	PAS DE DEUX
BOLSHOI	PIROUETTE
CHOREOGRAPHY	PLIÉ
CLASS	POINTE
CORPS	SPLIT
COSTUME	"THE RED SHOES"
LEAP	TIGHTS
LEOTARD	TUTU

35. THINGS THAT GO UP AND DOWN

```
P  E  G  A  S  P  R  I  C  E  S
O  L  T  D  E  V  O  A  U  E  L
P  S  K  I  J  U  M  P  E  R  S
O  T  E  V  K  R  S  S  F  O  A
G  N  D  E  L  E  A  H  T  L  A
O  Y  P  R  F  W  R  U  O  L  Y
S  T  O  C  K  M  A  R  K  E  T
T  G  P  Y  R  N  L  D  A  R  A
I  Y  E  R  O  S  A  L  G  C  I
C  F  O  R  T  U  N  E  S  O  R
K  L  T  S  A  I  Y  R  O  A  P
G  S  O  N  V  S  D  U  P  S  L
A  N  U  S  E  H  T  E  A  T  A
N  D  D  R  L  T  O  W  N  E  N
T  E  M  P  E  R  A  T  U  R  E
```

AIRPLANE	POP FLY
ASTRONAUT	ROLLER COASTER
DIVER	SEESAW
ELEVATOR	SKI JUMPERS
FORTUNES	STOCK MARKET
GAS PRICES	TEMPERATURE
GEYSER	TENT
HURDLER	THE SUN
KITE	TIDE
POGO STICK	YO-YO

36. ELECTION DAZE

```
V  O  P  R  T  I  E  E  I  A  R
L  C  A  U  C  U  S  Y  N  A  T
N  C  R  N  D  L  O  S  C  F  V
E  T  T  F  L  E  R  N  U  W  A
A  S  Y  O  S  O  A  S  M  E  D
L  O  P  R  N  G  A  N  B  D  S
P  I  C  O  N  C  E  D  E  N  D
O  S  D  F  O  O  M  B  N  E  N
L  T  V  F  E  T  A  R  T  V  A
I  Y  A  I  C  T  O  O  O  I  H
T  R  R  C  E  U  L  H  P  C  E
I  T  U  E  T  L  S  E  P  T  K
C  A  M  P  A  I  G  N  O  O  A
S  L  E  B  C  T  C  V  I  R  H
O  N  H  C  E  E  P  S  S  Y  S
```

BALLOT	POLITICS
CAMPAIGN	POLLS
CAUCUS	RACE
CONCEDE	RUN FOR OFFICE
DEBATE	SHAKE HANDS
DONORS	SPEECH
INCUMBENT	TACTICS
ISSUES	TV ADS
PARTY	VICTORY
PHOTO OPS	VOTE

37. "WHAT'S THE POINT?"

Each entry in the list contains the word POINT, but in the grid, every POINT appears as a · symbol. For example, if the phrase FREEZING POINT were in the list, it would appear in the grid as FREEZING·.

```
I   F   ·   A   P   ·   M   E   N   T   Y
D   O   O   U   K   R   B   E   ·   A   S
M   A   T   C   H   ·   M   L   L   T   C
F   H   E   Y   O   S   U   B   A   R   N
O   H   T   H   I   B   A   N   M   N   E
C   O   I   L   Y   L   D   I   I   L   K
A   I   L   N   L   ·   G   ·   C   A   A
L   I   O   ·   R   G   E   Y   E   O   T
·   U   P   T   H   N   E   N   D   U   L
P   E   T   W   E   I   V   F   O   ·   L
N   I   O   A   T   T   T   ·   H   E   E
·   G   N   I   N   R   U   T   W   ·   W
O   F   S   ·   N   A   O   R   E   E   ·
T   S   T   R   E   T   C   H   A   ·   D
U   R   I   ·   E   S   H   O   E   S   N
```

APPOINTMENT	POINTE SHOES
BALLPOINT PEN	POINTILLISM
CHECKPOINT	POINT OF VIEW
DECIMAL POINT	POINT OUT
DEW POINT	POINT WELL-TAKEN
FOCAL POINT	POINTY-HEAD
"IT'S NOT POLITE TO POINT!"	STANDPOINT
MATCH POINT	STARTING POINT
PINPOINT	STRETCH A POINT
POINT BLANK	TURNING POINT

38. MONEY MATTERS

```
H  T  R  U  S  T  F  U  N  D  T
S  O  E  W  C  A  P  N  M  B  P
U  D  T  O  N  E  Y  E  E  G  I
O  O  R  A  L  L  O  D  N  K  G
R  O  A  A  U  E  T  S  O  N  G
E  L  U  N  C  H  M  O  N  E  Y
P  E  Q  O  G  T  B  I  F  A  B
S  C  S  T  G  T  I  W  D  R  A
O  N  C  H  E  C  K  D  O  H  N
R  A  E  K  T  N  H  K  E  I  K
P  W  C  I  S  E  E  A  C  R  T
L  O  A  N  E  C  L  K  N  O  C
P  L  O  M  N  E  E  L  S  G  I
N  L  S  R  O  L  S  L  A  O  E
S  A  V  I  N  G  S  W  L  W  Y
```

ALLOWANCE	NEST EGG
BROKE	NICKEL
CHANGE	PENNY
CHECK	PIGGY BANK
CREDIT CARD	POCKETBOOK
DEBT	POOR
DIME	PROSPEROUS
DOLLAR	QUARTER
LOAN	SAVINGS
LUNCH MONEY	TRUST FUND
	WALLET

39. "WATCH YOUR LANGUAGE!"

```
H  D  E  H  C  N  E  R  F  A  H
N  S  F  P  E  H  O  P  L  S  E
A  U  I  S  E  S  I  I  I  R  G
I  T  A  L  I  A  N  N  N  U  L
N  A  C  N  O  G  A  U  E  S  A
I  G  I  J  A  P  A  N  E  S  E
A  E  B  W  S  O  H  I  C  I  E
R  E  A  N  I  R  A  D  N  A  M
K  N  R  H  T  T  I  S  M  N  A
U  G  A  A  D  U  E  U  K  P  O
H  L  M  M  F  G  R  O  G  E  S
T  I  U  R  R  U  R  K  E  S  N
L  S  N  E  P  E  R  S  I  A  N
O  H  E  D  A  S  G  D  T  S  S
P  K  E  N  I  E  E  C  U  H  H
```

ARABIC	MANDARIN
CHINESE	PERSIAN
ENGLISH	POLISH
FRENCH	PORTUGUESE
GERMAN	RUSSIAN
GREEK	SPANISH
HINDI	TAMIL
ITALIAN	TURKISH
JAPANESE	UKRAINIAN
KOREAN	URDU

40. O, CANADA

```
F  C  A  G  A  Q  N  A  D  I  A
N  F  Y  R  U  W  H  E  A  T  S
E  C  N  E  R  W  A  L  T  S  L
C  Y  B  A  K  O  I  T  N  S  L
H  E  A  T  B  C  W  M  T  I  A
C  A  T  W  E  S  O  O  M  O  F
H  L  L  H  A  U  O  H  M  S  A
C  E  L  I  N  E  D  I  O  N  R
O  O  N  T  F  I  S  P  N  M  A
A  T  I  E  G  A  X  E  T  S  G
A  E  N  N  E  X  R  R  E  A
S  P  R  O  V  I  N  C  E  E  I
C  A  K  R  R  L  L  S  A  E  N
D  U  L  T  O  O  E  O  L  N  I
Y  E  S  H  C  N  T  O  W  E  R
```

BANFF	MOUNTIES
CELINE DION	NIAGARA FALLS
CN TOWER	OTTAWA
EXPOS	PROVINCE
GEESE	QUEBEC
GREAT WHITE NORTH	SEAWAY
HALIFAX	ST. LAWRENCE
HOCKEY	TORONTO
MONTREAL	WHEAT
MOOSE	YUKON

41. OPPOSITES ATTRACT

Each word in the word list is paired with its opposite. For example, BOYS in the left column is opposite GIRLS in the right column. Opposites also appear in opposite halves of the grid, so if BOYS is in the top half, GIRLS is in the bottom half. The column does not tell you which half the word appears in ... you have to figure that out yourself. For good measure, the word OPPOSITES appears equally in both halves of the grid, and both halves have arrows pointing in opposite directions.

```
                    W
                D O O
              B N T L L
            N M R O M A L
          T T U U P R S R O
        H I E D N P A T K G H
      D B O Y S L O W I H F E F
                    S
      T S A F Q U I E T F S E R
        E S M A R T D I L O S
          C O O L E R R N M
            T U I S I S A
              B T G E L
                A H L
                    D
```

OPPOSITES

BOYS	GIRLS
FAST	SLOW
FIRST	LAST
LARGE	SMALL
LOUD	QUIET
NORTH	SOUTH
SMART	DUMB
SOLID	HOLLOW
TRUE	FALSE
WARM	COOL

42. "IT'S A MYSTERY TO ME!"

```
G M Y S T E R Y N A S
N N C A Y D C R E S C
W L I A R T D L O C E
H L I R S S T R U I N
L T L Y R L C A S E E
N S U S P E C T O O O
A U N E L A H G L A F
N F T B L D E D V R T
C S U E V S E I E N H
Y O T Y Y E C E A R E
D E T E C T I V E R C
R S S M I S S I N G R
E U O M L V I T N G I
W C S H E R L O C K M
A S R E D R U M E S E
```

CASE
CLUE
COLD TRAIL
DETECTIVE
DOUBLE CROSS
LEADS
MISSING
MOTIVE
MURDER
MYSTERY

NANCY DREW
RED HERRING
RUSE
SCENE OF THE CRIME
SHERLOCK
SLEUTH
SOLVE
SUSPECT
TAIL
VICTIM

43. PLANE SPEAKING

```
T  L  U  G  G  A  G  E  C  T  O
N  R  N  N  A  N  S  N  A  C  K
A  E  A  I  M  A  I  K  B  E  N
D  H  S  Y  A  S  E  D  I  S  C
N  L  O  L  T  O  L  V  N  S  L
E  E  C  F  F  A  O  C  T  A  E
T  D  L  F  O  M  B  V  E  P  L
T  M  O  O  R  G  E  L  I  G  R
A  T  U  R  T  W  O  R  E  N  T
T  H  D  A  R  W  T  O  L  I  P
H  O  X  E  U  D  I  U  S  D  A
G  I  N  F  N  D  C  N  A  R  L
I  I  R  U  W  S  K  I  D  A  C
L  K  O  N  A  E  E  S  E  O  S
F  R  B  A  Y  G  T  M  S  B  W
```

AISLE	MOVIE
BOARDING PASS	PILOT
CABIN	ROUND TRIP
CLOUD	RUNWAY
FEAR OF FLYING	SNACK
FLIGHT ATTENDANT	TAKEOFF
LANDING	TAXI
LEGROOM	TICKET
LUGGAGE	TRAY TABLE
MEAL	WINDOW

44. AT A BIRTHDAY PARTY

```
Y  O  C  S  E  L  D  N  A  C  D
P  U  L  H  F  A  V  O  R  H  E
O  A  O  V  I  E  A  I  A  S  C
N  O  W  O  R  G  O  T  E  N  O
Y  T  N  B  S  I  S  A  R  O  R
R  T  A  H  T  D  A  T  Y  O  A
I  I  A  B  S  T  F  I  G  L  T
D  P  C  E  L  N  D  V  E  L  I
E  L  K  E  I  E  A  N  N  A  O
S  A  C  H  C  A  C  I  P  B  N
C  T  R  U  E  R  K  L  I  L  S
T  E  P  H  E  P  E  R  O  E  E
H  S  I  W  A  E  K  A  M  T  S
A  N  E  N  A  R  T  A  M  H  H
T  I  M  E  T  O  G  O  D  A  Y
```

BALLOONS	HATS
CAKE	ICE CREAM
CANDLES	INVITATION
CLOWN	"MAKE A WISH"
CUPS	NAPKIN
DECORATIONS	"... ONE TO GROW ON"
FAVOR	PLATES
FIRST SLICE	PONY RIDES
GAMES	TABLECLOTH
GIFTS	"TIME TO GO ..."

45. 1 OF A KIND

Each entry in the list contains the word ONE, but in the grid, every ONE becomes a 1. For example, if the phrase ONE AT A TIME were in the list, it would appear in the grid as 1ATATIME.

```
            T  1  Y  A  B
         1  A  S  E  1  A
      D  T  I  A  1  R  W
   E  T  E  L  E  P  H  1
A  E  Y  L  B  L  A  T  D
F  1  N  O  1  1  C  T  I
      L  1  L  O  C
      O  A  A  B  E
      V  Z  B  1  C
      O  L  1  T  R
      R  I  N  L  E
      P  1  S  T  A
D  1  S  I  O  P  S  Y  E  M  Y  A  K  I  N
R  E  1  I  P  I  S  N  B  C  B  E  G  1  D
1  1  F  O  R  T  H  E  M  1  Y  S  R  I  A
```

AL CAPONE	ONE-ON-ONE
BALONEY	OPPONENT
BAYONET	OZONE LAYER
BEGONE	PIONEER
COLONEL	POISONED
HONEST	PROVOLONE
ICE CREAM CONE	TAILBONE
LIONESS	TELEPHONE
ONE BY ONE	THRONE
ONE FOR THE MONEY	TONE-DEAF

46. ALL AT SEA

```
S  P  N  O  M  F  S  R  E  B  O
Y  I  A  O  T  T  F  E  R  R  Y
N  H  A  M  E  E  S  I  A  R  R
E  S  G  A  N  L  O  R  K  E  E
A  R  M  N  H  S  L  R  L  S  M
A  E  L  R  I  K  Y  A  W  L  M
R  P  T  I  I  D  H  C  G  T  A
S  P  S  C  O  W  A  T  N  I  J
C  I  C  C  P  F  A  F  B  N  D
H  L  T  U  G  B  O  A  T  T  N
O  C  N  T  D  G  R  R  H  I  I
O  T  T  T  L  G  L  C  D  I  W
N  G  A  E  E  N  A  R  S  Y  M
E  I  N  R  K  Y  N  I  O  W  H
R  R  E  N  I  L  N  A  E  C  O
```

AIRCRAFT CARRIER	PUNT
BARGE	SCHOONER
CLIPPER SHIP	SCOW
CUTTER	SKIFF
DINGHY	STEAMER
FERRY	TUGBOAT
GALLEON	WHALER
HYDROFOIL	WINDJAMMER
KETCH	YACHT
OCEAN LINER	YAWL

47. "I'LL SAY!"

```
S  S  U  C  H  B  A  B  B  L  E
A  N  H  T  K  E  L  S  K  S  E
Y  A  K  E  T  Y  Y  A  K  H  Z
T  E  P  E  A  E  R  B  O  O
E  B  P  O  E  P  R  P  I  O  O
N  E  G  O  S  S  I  P  T  T  M
E  H  D  T  R  P  O  U  T  T  H
A  T  A  F  E  H  T  W  E  H  C
F  L  O  U  V  J  O  L  M  E  S
K  L  P  A  N  N  A  Y  L  B  T
A  I  N  O  O  G  L  B  K  R  T
B  P  U  T  C  T  M  A  B  E  W
I  S  A  S  E  A  M  A  L  E  N
S  R  P  E  R  A  K  L  S  Z  R
R  A  E  S  E  N  O  D  N  E  B
```

BABBLE	RAMBLE
BEND ONE'S EAR	RAT ON
BLAB	SCHMOOZE
CHAT	SHOOT THE BREEZE
CHEW THE FAT	SPEAK
CONVERSE	SPILL THE BEANS
GO ON	TALK
GOSSIP	TELL
JABBER	UTTER
PIPE UP	YAKETY-YAK

48. INDIAN-A

```
S  P  B  H  A  R  R  O  W  S  A
W  O  U  N  D  E  D  K  N  E  E
C  N  F  E  A  J  T  I  A  A  W
T  P  F  P  B  E  A  R  T  A  N
A  N  A  I  I  L  N  D  I  A  I
T  A  L  P  P  N  O  W  V  B  O
O  N  O  E  O  M  A  A  E  N  E
M  H  I  C  E  O  H  L  A  P  C
I  E  D  A  G  O  S  U  M  I  N
N  D  T  E  P  E  E  E  E  E  A
O  L  F  P  M  R  E  V  R  W  D
R  E  S  E  R  V  A  T  I  O  N
E  I  T  S  I  R  A  W  C  N  I
G  O  D  C  B  H  L  A  A  R  A
T  K  M  O  H  I  C  A  N  S  R
```

ARROWS	PEACE PIPE
BRAVE	PLAINS
BUFFALO	PUEBLO
CHIEF	RAIN DANCE
GERONIMO	RESERVATION
HUNT	TEPEE
MOHICANS	TOTEM
NATIVE AMERICAN	TRIBE
NAVAHO	WAR PAINT
PAPOOSE	WOUNDED KNEE

49. GUESS THE THEME 3

For instructions on how to solve Guess the Theme puzzles, see page 8. The word list is on page 65.

```
S  K  E  B  V  C  E  R  Y  G  W
O  E  B  R  O  K  E  N  N  R  D
C  E  I  F  A  A  N  I  G  O  B
E  P  F  L  W  A  R  M  I  N  G
F  E  O  R  F  A  E  D  O  R  A
E  R  S  F  E  T  E  R  I  T  H
M  A  I  L  O  R  D  E  R  N  D
E  W  C  O  A  S  R  D  H  L  G
T  A  O  B  C  U  S  T  O  M  S
O  U  U  S  S  M  G  H  R  E  T
W  O  N  F  T  M  O  H  E  R  W
M  H  T  W  A  E  N  O  T  O  T
H  E  I  R  W  R  A  O  R  E  R
D  F  N  T  O  R  P  K  O  H  R
E  R  G  R  E  E  N  A  P  S  E
```

B _ _ _ _ _ _ _	K _ _ _ _ _
B _ _ _	M _ _ _ - _ _ _ _ _
B _ _ _ _ _	P _ _ _ _ _
C _ _ _ _ _ _ _	S _ _ _ _ _ _ _ _
C _ _ _ _ _	S _ _ _ _
C _ _ _ _ _ _ _	S _ _ _ _ _
C _ _ _ _ _ _	W _ _ _ _ _ _
F _ _ _ _	W _ _ _ _
G _ _ _ _	W _ _ _
H _ _ _	W _ _ _

57

50. IN LIVING COLOR

```
G  R  A  Y  M  A  T  T  E  R  T
E  H  B  E  E  P  I  T  N  K  P
E  G  O  L  D  F  I  N  G  E  R
D  P  A  L  O  H  N  T  H  O  O
Y  B  R  O  W  N  I  E  S  R  F
B  E  R  W  S  B  D  E  C  A  E
U  L  O  J  A  L  B  I  R  N  S
R  N  A  A  E  U  D  K  E  G  S
S  G  O  C  D  E  L  N  D  E  O
I  L  O  K  K  J  S  I  C  J  R
T  R  A  E  H  E  L  P  R  U  P
K  S  W  T  E  A  Y  I  T  I  L
H  T  H  R  E  N  I  E  N  C  U
D  I  E  G  O  S  S  N  A  E  M
K  D  R  A  C  N  E  E  R  G  E
```

BLACK EYE	PINKIE
BLONDIE	PROFESSOR PLUM
BLUE JEANS	PURPLE HEART
BROWNIE	ROSEBUD
GOLDFINGER	RUBY DEE
GRAY MATTER	SEE RED
GREEN CARD	SNOW WHITE
ORANGE JUICE	YELLOW JACKET

51. SIX-LETTER BOYS' NAMES

```
A  R  T  H  U  R  E  T  S  E  L
C  A  R  L  O  S  U  O  H  E  B
B  E  R  N  I  E  O  P  U  Y  W
H  Y  A  R  R  U  M  M  E  A  T
Y  L  Y  E  V  R  A  H  A  R  B
D  E  N  N  I  S  I  V  A  R  T
A  N  N  U  N  A  I  L  U  J  H
N  O  A  D  G  V  R  N  C  I  O
I  I  S  L  I  S  U  C  R  A  M
E  L  I  C  O  S  T  T  H  B  A
L  U  T  H  E  R  I  E  R  I  S
H  O  R  O  F  M  B  Y  V  O  E
R  Y  U  E  D  U  A  L  C  E  S
N  A  C  M  E  N  A  M  R  O  N
S  W  A  L  T  E  R  N  E  S  T
```

ARCHIE	ERNEST	ROLAND
ARTHUR	HARVEY	RONALD
BERNIE	IRVING	RUPERT
BRYANT	JULIAN	SAMUEL
CARLOS	LESTER	SIDNEY
CLAUDE	LIONEL	STEVEN
CURTIS	LUTHER	THOMAS
DANIEL	MARCUS	TRAVIS
DENNIS	MURRAY	VICTOR
DMITRI	NORMAN	WALTER

52. GARDEN PARTY

```
S  R  E  W  O  L  F  P  A  F  S
M  P  A  R  N  P  B  O  O  E  F
W  O  A  R  D  L  S  A  L  R  N
D  I  N  D  O  A  F  B  O  T  C
N  T  O  S  E  N  A  R  F  I  D
E  A  S  E  D  T  S  I  U  L  L
S  O  C  L  E  I  I  K  E  I  A
M  G  A  G  R  N  D  E  O  Z  T
W  N  E  F  N  G  D  S  E  E  D
E  V  S  O  W  I  N  G  U  R  L
E  W  L  O  G  F  R  W  S  E  P
D  E  O  G  D  S  B  E  K  A  R
I  Y  I  R  M  O  O  T  T  H  E
N  N  R  G  M  H  O  C  O  A  S
G  E  S  U  N  S  H  I  N  E  W
```

BLOSSOM	RAKE
CROP	SEED
DIGGING	SOIL
FERTILIZER	SOWING
FLOWERS	SPADE
FRUIT	SUNSHINE
HOES	VEGETABLES
PATCH	WATERING CAN
PLANTING	WEEDING
RAIN	WORMS

53. ROUND AND ROUND

```
    T P O R T H O L E
  O I U T H E L T R R T
 O Z U N N D A T H A I E N
G Z H U L A H O O P S E G A L
A R E W H E E G L S G B R U L
L E S U O R A C U G B B A W A
L E C S W P O L Y O N L T K B
A D D A R T B O A R D I Y O T
T S I P F I L W E S S C R O A
O S L O P K S N O G F I E C E
T R R E C R C N L E A M H L M
S R A E E S U O M Y E K C I M
  F J N R I B S L S B R R E
    E S G E A E N C I D A
      B U E T T O C N S
```

ARCHERY TARGET	HULA-HOOP
CAROUSEL	JAR LID
CIRCLE	MEATBALL
CLOCK FACE	MICKEY MOUSE EARS
CLOWN NOSE	ORANGE
DARTBOARD	PIZZA
DOUGHNUT	PORTHOLE
EGG YOLK	RING
GLOBE	WAIST
HALO	WREATH

54. "AND SO TO BED ..."

```
A  T  R  I  H  S  T  H  G  I  N
T  S  L  U  N  M  E  I  B  E  L
T  R  T  O  S  P  I  A  R  S  I
A  R  O  T  T  I  U  A  E  E  E
K  Z  S  S  E  U  Q  W  I  Y  D
E  T  S  S  E  M  O  A  O  E  O
A  R  A  E  H  F  R  K  U  R  W
N  N  N  T  S  E  O  E  N  U  N
A  S  D  W  B  E  D  R  O  O  M
P  T  T  M  O  A  Y  O  U  Y  C
P  D  U  K  B  L  A  N  K  E  T
L  L  R  A  T  E  L  S  T  S  H
S  A  N  E  A  N  T  I  E  O  O
D  S  L  U  A  M  B  R  P  L  E
R  A  L  A  R  M  C  L  O  C  K
```

ALARM CLOCK	PILLOW
AWAKE	QUIET
BEDROOM	REST
BLANKET	SHEETS
CLOSE YOUR EYES	SLUMBER
CONK OUT	SNOOZE
DARK	SNORE
DREAM	TAKE A NAP
LIE DOWN	TIRED
NIGHTSHIRT	TOSS AND TURN

55. THINGS TO BE THANKFUL FOR

```
S  T  L  I  C  F  E  L  I  S  B
T  N  H  I  S  F  A  M  I  L  Y
N  O  S  G  K  D  T  A  E  F  F
E  U  E  A  I  I  N  S  R  B  E
M  E  I  T  N  L  S  E  V  O  L
O  H  R  A  D  I  N  C  I  K  F
M  U  O  T  N  H  L  O  F  R  O
D  R  T  G  E  W  H  N  A  T  F
E  P  S  A  S  A  Y  D  O  S  O
R  U  L  H  S  H  C  C  E  A  O
A  T  R  E  T  L  E  H  S  V  D
H  E  A  M  H  N  T  A  E  D  D
S  O  R  T  H  O  E  N  B  R  E
S  A  T  Y  L  O  P  C  U  C  S
W  A  N  C  F  R  E  E  D  O  M
```

A SECOND CHANCE	KINDNESS
BLESSINGS	LIFE
CLOTHES	LIGHT
FAMILY	LOVE
FOOD	MUSIC
FREEDOM	SHARED MOMENTS
FRIENDS	SHELTER
HEALTH	STORIES
HELP	TEACHERS
HOPE	WARMTH

56. Z END

```
Z  A  N  Z  I  B  A  R  Z  S  N
O  O  E  O  O  C  R  T  Z  B  N
F  R  E  O  R  R  L  A  L  R  O
O  O  Z  A  K  A  R  I  Z  T  Z
D  E  Z  S  W  Z  Z  O  S  I  Z
R  Y  A  H  T  Z  E  E  L  C  L
A  I  K  E  A  L  Z  T  E  O  E
Z  T  I  R  F  E  H  T  N  O  C
I  E  D  Y  N  D  Z  A  J  T  G
W  C  P  O  Z  A  H  A  S  A  A
E  H  Z  P  I  Z  Z  A  Z  Z  Z
H  O  I  R  E  Z  U  A  T  M  G
T  H  A  Z  E  L  L  F  O  O  I
M  Z  E  Z  Z  E  I  B  M  O  Z
C  N  O  Z  A  M  A  N  Z  Z  S
```

AMAZON	JAZZ	WHIZ
A TO Z	KAZOO	YAHTZEE
AZALEA	NOZZLE	ZANZIBAR
AZTEC	ON THE FRITZ	ZEPPELIN
BLIZZARD	OOZE	ZERO
BRAZIL	OZONE	ZEST
CRAZY	PIZZAZZ	ZIGZAG
CZAR	RAZZLE-DAZZLE	ZOMBIE
FUZZY	THE WIZARD OF OZ	ZOOM
HAZEL	WALTZ	ZORRO

13. GUESS THE THEME 1 WORD LIST

BAR CODE
CHESS PIECES
COWS
CROSSWORD PUZZLE
DICE
DOMINO
EIGHT BALL
JOLLY ROGER
MIME
NUN'S HABIT

OLD MOVIE
ONE-WAY SIGN
ORCA
PANDA
PENGUIN
PIANO KEYS
SKUNK
SNOOPY
X-RAY
ZEBRA

33. GUESS THE THEME WORD LIST 2

ARTILLERY
BOULDER
BREATHING
BURDEN
CREAM
FREIGHT
HEART
HITTER
LOAD
METAL

PIANO
REFRIGERATOR
SCHEDULE
SNOWFALL
STEP
TAXES
THINKER
TRAFFIC
TRUCK
WHALE

49. GUESS THE THEME WORD LIST 3

BOARDING
BOAT
BROKEN
CLEARING
COFFEE
COUNTING
CUSTOMS
FLIES
GREEN
HOLD

KEEPER
MAIL-ORDER
PORTER
SLAUGHTER
STEAK
SUMMER
WARMING
WHITE
WIFE
WORK

1. OPENING LINES

"Mighty things from small beginnings grow."—by [John] Dryden

2. "WHERE'S THE BEEF?"

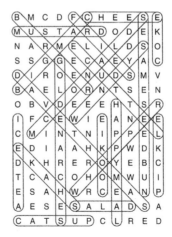

McDonald's serve no beef in India, where cows are sacred.

3. LOOK BOTH WAYS

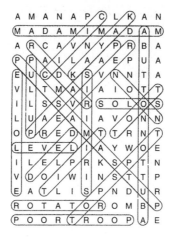

"A man, a plan, a canal—Panama!" is a very well-known palindrome.

4. TOYS & GAMES

Fifty-six ringers in a row is the record in horseshoe pitching.

5. "YOU'VE GOT MAIL!"

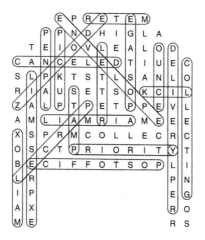

Philatelists are stamp collectors.

6. MAGIC SHOW

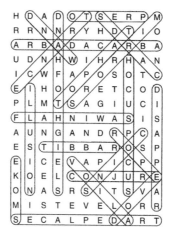

Harry Houdini was the top magician and escape artist ever.

7. GOING BUGGY

In the movie "A Bug's Life," grasshoppers were the bad guys.

8. WHEEL OF FORTUNE

"Wheel of Fortune" is based on the old classic game of hangman.

9. "WHAT'S MY LINE?"

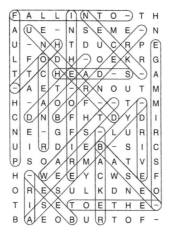

The linesmen lined up for an outline of the guidelines so they wouldn't be out of line.

10. "WHEN I GROW UP ..."

What's important isn't so much what you become but how well you do it.

11. "I WON'T GROW UP!"

Peter Pan, the boy who won't grow up, is played in the play by a girl.

12. ANIMAL SOUNDS

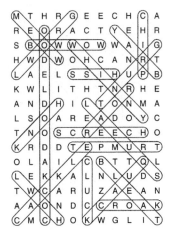

Three characters who can talk with the animals are Doctor Dolittle and Tarzan and Mowgli.

13. GUESS THE THEME 1

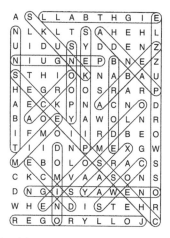

All the hidden things are known for being black-and-white.

14. ALL FIRED UP

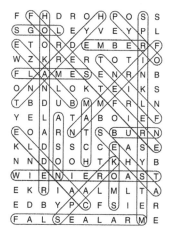

F.D. Roosevelt wrote, "Books burn ... yet ... books cannot be killed by fire."

15. PIGSKIN PUZZLE

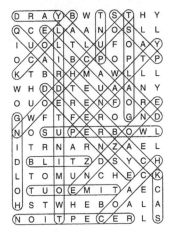

Why call it football when your foot rarely touches the ball?

16. BEST BETS

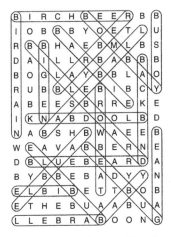

Bobby the ball boy blubbered as he waved bye-bye to the baboon.

17. NIGHT LIGHTS

Constellations are sky maps.

18. ADVENTURES IN WONDERLAND

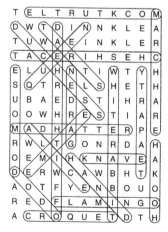

"Twinkle, twinkle, little bat! How I wonder what you're at!"
[recited at the Mad Tea Party]

19. HINKY PINKY RETURNS

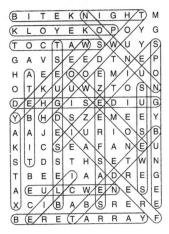

My guy gave the moose juice and the bear care.

20. AT THE PARADE

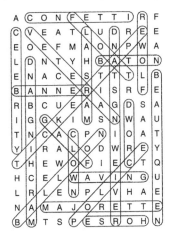

A feature of many a circus is a parade with elephants.

21. SUITS ME FINE

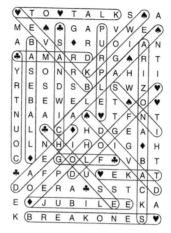

Sam Spade gave a diamond ring to his sweetheart at the nightclub for a club steak.

22. SNOW USE

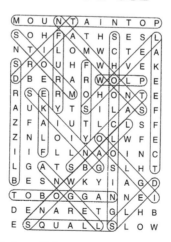

"Oh! the snow, the beautiful snow, Filling the sky and earth below."
[by John Whittaker Watson]

23. "AND THE WINNER IS ..."

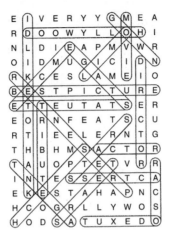

Every year India produces more feature-length movies than Hollywood.

24. TRIAL RUN

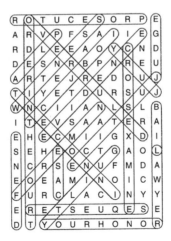

A fair and speedy trial is a right of democracy.

25. "A-MAZE-ING!"

```
I   F   Y   O   U   G   O   I   N   H  (K)
(E   N   T   E   R)  O  (T) (P)  R   E   C
 T   G   N   O   L   A  |U| |U|  E  (L)  U
 H  (Y   K   A   N   S) |R| |K|  Y  |O|  T
 I   X  (G)  I   G   H  |N| |C|  O  |S|  S
 S  (D)  N   R  (B)  T   D  |A|  U  (T)  E
 P  |E|  I   E   L  |Y|  I  (B)  L   L   B
 A  |A|  T   H   O  |A|  R  (O   H   N   O)
 T  |D|  S   T   C  |W|  E   C   T   I   O
 H  |E|  I   N   K  |G| (T   R   A   P)  N
 Y  |N|  W   I   E  |N|  N   N   O   D   O   S
 O  |D| (T)  O  |D| |O|  T  (L   L   A   W)
 U   L   L   G   O  |R|  S   T   O   P   N
(H   E   L   P)  T  (W  (D   N   I   W)  O
(E   Z   A   M)  H   E  (T   I   X   E)  W
```

If you go along this path, you'll go in the right direction, so don't stop now!

26. FANCY FOOTWORK

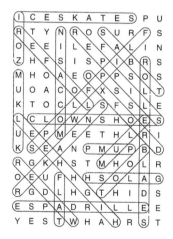

"Put yourself in his shoes—so as to see things through his eyes."
—[Basil Henry Liddell] Hart [in his "Advice to Statesmen"]

27. THE APE MAN

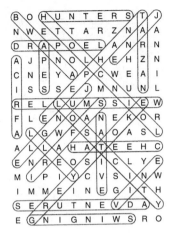

One Tarzan—Johnny Weissmuller—was an Olympic swimming hero.

28. WELL-GROOMED

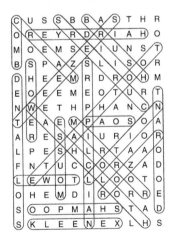

U.S. bathrooms inspired me more than European cathedrals.
[paraphrase of Edmund Wilson]

29. PEANUTS GALLERY

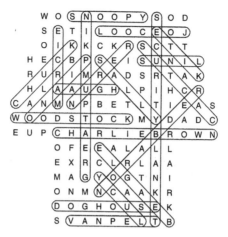

Woodstock the bird's alphabet is made up of all exclamation marks!

30. "TAKE A HIKE!"

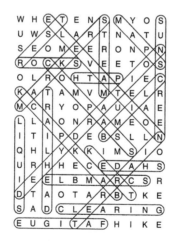

When you want someone to leave you alone, tell him or her to take a hike.

31. LIFE OF E'S

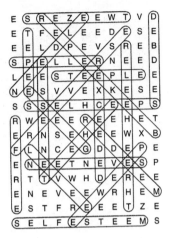

Eve feeds eleven elves sweets except when Everest freezes.

32. THE ROMAN EMPIRE

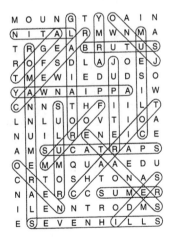

Mountain water flowed downhill via nine aqueducts to ancient Rome.

33. GUESS THE THEME 2

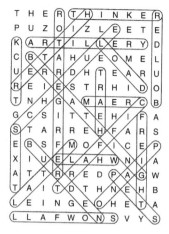

The puzzle theme here is things that are associated with being heavy.

34. AT THE BALLET

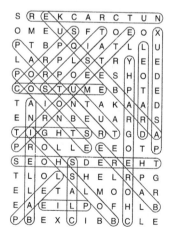

Some football pros take ballet to help get more flexible.

35. THINGS THAT GO UP AND DOWN

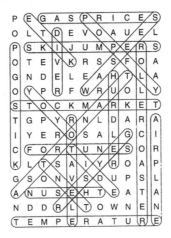

Pole-vaulters and leapfrog players also go up and down.

36. ELECTION DAZE

"Vote early and often" was a slogan in some very corrupt U.S. elections.

37. "WHAT'S THE POINT?"

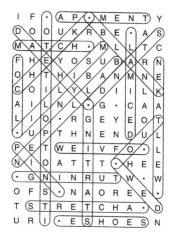

If you reach your boiling point, are you then at the point of no return?

38. MONEY MATTERS

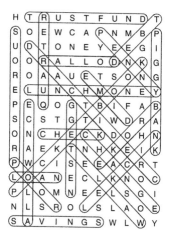

How can money go out so fast when it comes in so slowly?
[paraphrase of a quip by Ogden Nash]

39. "WATCH YOUR LANGUAGE!"

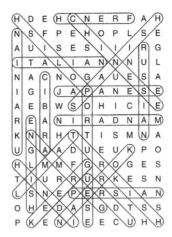

Deaf people use sign language, which is made up of gestures, not speech.

40. O, CANADA

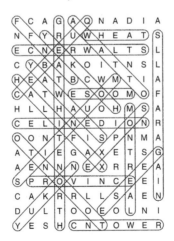

Canadian coins with loon images are called loonies.

41. OPPOSITES ATTRACT

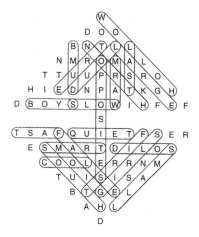

Don't think different is bad.

42. "IT'S A MYSTERY TO ME!"

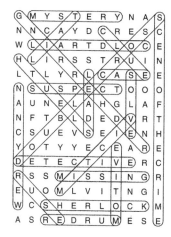

Nancy Drew is still young after seventy years solving cases.

43. PLANE SPEAKING

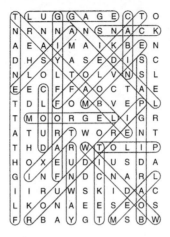

One man has collected over two thousand airsickness bags.

44. AT A BIRTHDAY PARTY

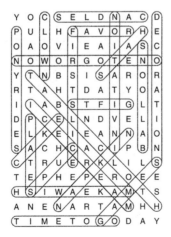

You have a birthday, and each April there's an Earth Day.

45. 1 OF A KIND

Eat a well-done T-bone steak in Indonesia.

46. ALL AT SEA

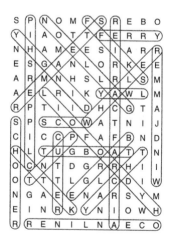

Some boat names are Noah's Ark, Titanic, and Gilligan's Minnow.

47. "I'LL SAY!"

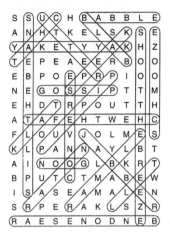

Shakespeare pointed out, "A fool may talk, but a wise man speaks."

48. INDIAN-A

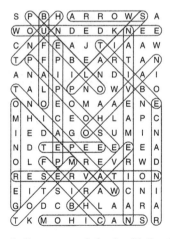

Sacajawea, an Indian woman, helped guide Lewis and Clark.

49. GUESS THE THEME 3

Every word can go before or after the word HOUSE to form another word or phrase.

50. IN LIVING COLOR

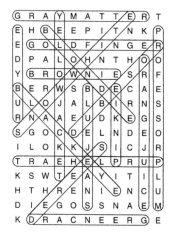

The Pink Panther scared Goldilocks with the indigo snake.

51. SIX-LETTER BOYS' NAMES

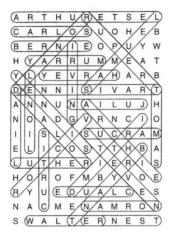

Oh boy, what a bunch of boys' names!

52. GARDEN PARTY

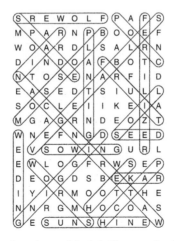

"A man of words and not of deeds is like a garden full of weeds."
—by Mother Goose

53. ROUND AND ROUND

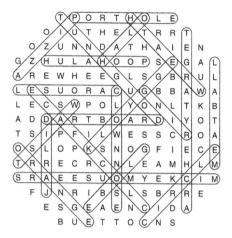

Other round things are wheels, bubbles, polka dots, pies, scoops of ice cream, Frisbees, and buttons.

54. "AND SO TO BED ..."

At slumber parties it's more fun to stay up late than to slumber.

55. THINGS TO BE THANKFUL FOR

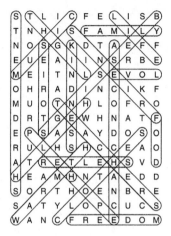

Life is not fair. Be thankful for what you have, and do the best you can.

56. Z END

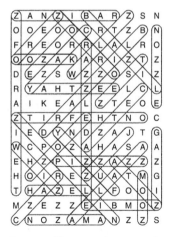

Snoozers like to catch some zzz's.

Index

Italics indicate answer page number

• • •

About the Author

Mark Danna is a Mensa member and professional puzzlemaker. His crosswords, Wordy Gurdy rhymes, and word searches have been published by *The New York Times*, United Feature Syndicate, and *Games*, where he was an associate editor for five years. Danna is coauthor of the *Frisbee Players' Handbook*, a round book that came packaged in a Frisbee. For more puzzle fun, try Danna's previous Sterling book, *Word Search Puzzles for Kids*.

What Is Mensa?

Mensa
The High IQ Society

Mensa is the international society for people with a high IQ. We have more than 100,000 members in over 40 countries worldwide.

Anyone with an IQ score in the top two percent of population is eligible to become a member of Mensa—are you the "one in 50" we've been looking for?

Mensa membership offers an excellent range of benefits:
• Networking and social activities nationally and around the world;
• Special Interest Groups (hundreds of chances to pursue your hobbies and interests—from art to zoology!);
• Monthly International Journal, national magazines, and regional newsletters;
• Local meetings—from game challenges to food and drink;
• National and international weekend gatherings and conferences;
• Intellectually stimulating lectures and seminars;
• Access to the worldwide SIGHT network for travelers and hosts.

For more information about American Mensa:

www.us.mensa.org

Telephone: (800) 66-MENSA
American Mensa Ltd.
1229 Corporate Drive West
Arlington, TX 76006-6103
USA

For more information about British Mensa (UK and Ireland):

www.mensa.org.uk

Telephone:
+44 (0) 1902 772771
E-mail:
enquiries@mensa.org.uk
British Mensa Ltd.
St. John's House
St. John's Square
Wolverhampton WV2 4AH
United Kingdom

For more information about Mensa International:

www.mensa.org

Mensa International
15 The Ivories
6–8 Northampton Street
Islington, London N1 2HY
United Kingdom